EL NIÑO DESMOTIVADO

Aitana Fernández Sogorb
María Vicent Juan
Carolina Gonzálvez Maciá

EL NIÑO DESMOTIVADO

EDICIONES PIRÁMIDE

La colección ofrece a los padres y a las personas relacionadas con los niños pautas de intervención provechosas avaladas por la investigación. Cada título consta de un cuaderno para los padres, con información contrastada y consejos prácticos sobre qué hacer o no hacer en el día a día, y de un cuento para el niño, con el objetivo de ayudarle a enfocar sus emociones de manera positiva y divertida, a resolver sus preocupaciones y dificultades, en definitiva, a hacer frente a los retos de crecer, desarrollarse y hacerse mayor.

Directores de la colección: Aurora Gavino y Francisco Xavier Méndez

Ilustrador: José Luis Espuelas

© Aitana Fernández Sogorb
María Vicent Juan
Carolina Gonzálvez Maciá
© Ediciones Pirámide (Grupo Anaya, S. A.), 2024
Valentín Beato, 21. 28037 Madrid
Teléfono: 91 393 89 89
www.edicionespiramide.es
Depósito legal: M. 7.231-2024
ISBN: 978-84-368-4957-8
Printed in Spain

Índice

Cómo utilizar Psicocuentos

Cada obra de la colección consta de un *cuaderno* y de un *cuento*. Se recomienda a los padres, tutores y educadores en general que lean previamente el cuaderno, para conocer la información más importante y las pautas de actuación contrastadas por la investigación científica y la experiencia profesional. La lectura se complementa con las actividades propuestas.

Una vez asimilados los contenidos del cuaderno, se está en disposición de obtener el máximo provecho del cuento. Es importante escoger un momento y un lugar tranquilos para leer con entusiasmo el texto, comentar las ilustraciones y, sobre todo, sugerir acciones que ayuden a superar el problema infantil.

Comienza la aventura

Cuando nuestro bebé nace, observamos cómo sus intereses están reducidos a que le sean cubiertas las necesidades básicas, llamando nuestra atención mediante el llanto cuando se encuentra mal o tiene frío, calor, hambre o sueño. Sin embargo, conforme van pasando los meses, nos vemos sumergidos en la más trepidante aventura que nunca pudimos imaginar, una aventura que tiene como protagonista a nuestro pequeño o pequeña Indiana Jones.

Nuestro hogar gana peso en las alturas y colocamos encima de los muebles todos los jarrones, productos de limpieza y demás objetos peligrosos (o que corren peligro), mientras que Indiana va explorando los colores y sabores, su capacidad de salto al vacío desde la cuna, sus movimientos de serpiente a ras del suelo, sus primeros pasos... Y en esta aventura inolvidable, la banda sonora de casa es la risa y el llanto; risa cuando ha aprendido a hacer algo nuevo, llanto cuando su intento ha sido fallido.

Estas reacciones de explorador inexperto son comunes a todos los niños, pues se ha demostrado que antes de los dos años ya reaccionan de forma negativa cuando no saben resolver correctamente una tarea y de forma positiva cuando la llevan a cabo con éxito. A los tres años van ampliando su perspectiva y, además de alegrarse de sus logros, reaccionan de forma más positiva si terminan la tarea con éxito antes que los demás niños. Es aquí cuando nuestro pequeño aventurero lanza su cochecito más lejos que su amiguito del parque y le dice entusiasmado: «¡He ganado!». Aunque esta alegría le dura poco si su contrincante gana la carrera un minuto después. Y es que, desde bien pequeños, nuestros hijos van desarrollando la capacidad de diferenciar entre el éxito y el fracaso, así como de reconocer sus habilidades y limitaciones en ellos mismos y en los demás; capacidad que les ayuda a estar motivados en sus aprendizajes, siempre que sus conclusiones sean realistas.

Hablamos de *motivación* cuando concentramos nuestra energía en realizar una acción y de motivación de logro cuando esa acción la queremos realizar de la mejor forma posible. En esta guía nos vamos a referir a la *motivación de logro* de nuestros hijos.

Houston, ¿tenemos un problema?

Los niños suelen mostrar motivación por realizar correctamente cada nueva tarea que se les plantea. Estas ganas de aprender los lleva a ser constantes hasta conseguir leer y escribir, sumar y restar, atarse los cordones de los zapatos, lavarse las manos, cepillarse los dientes... Sin embargo, la motivación de nuestros hijos por alcanzar el éxito en cada nuevo aprendizaje puede disminuir con la edad a lo largo de la infancia. Además, tiende a estabilizarse a partir de los trece años, lo cual implica que, si nuestros hijos llegan desmotivados a la adolescencia, nos resultará más difícil cambiar su actitud ante el aprendizaje. Por este motivo, es imprescindible que fomentemos en ellos la constancia y la pasión por aprender desde pequeños.

¿Cuándo debemos preocuparnos?

Que nuestro pequeño se desanime porque ha fallado es común a todos los niños y no debe alarmarnos, siempre que sea algo puntual y no persista en el tiempo. Por el contrario, deberíamos preocuparnos cuando, después de sucesivos fracasos, nuestro hijo muestra una desmotivación tan alta que le ha llevado a dejar de esforzarse. Concretamente, podemos resumir en tres las principales señales de alarma que nos informan de que ha llegado el momento de actuar como padres.

Seguridad baja

La primera señal que debe ponernos en alerta es la baja seguridad en sí mismo manifestada especialmente cuando se acerca el momento de volver a intentar una determinada tarea. Estas dudas sobre las propias habilidades pueden llevarle incluso a negarse a participar y suelen ir acompañadas de síntomas de ansiedad como:

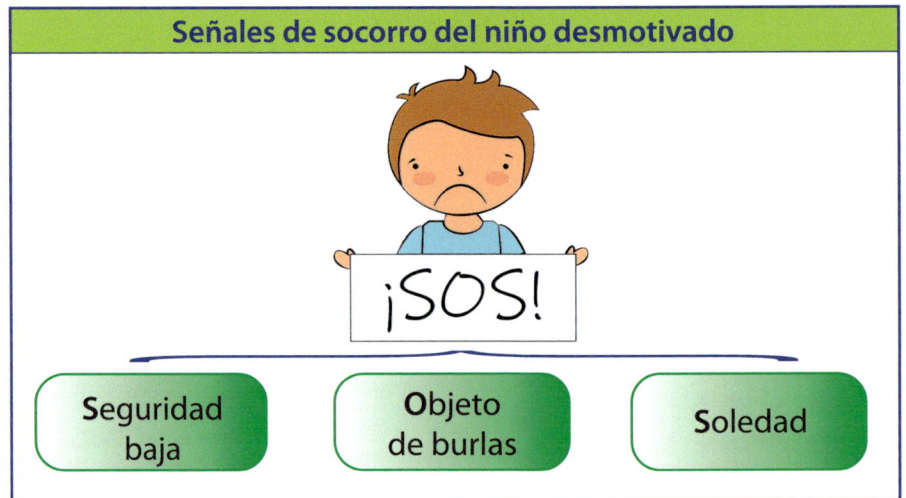

Señales de socorro del niño desmotivado

¡SOS!

| Seguridad baja | Objeto de burlas | Soledad |

- Nerviosismo o inquietud.
- Sudoración.
- Respiración acelerada.

Muchas veces su inseguridad se basa en el miedo a decepcionarnos constantemente. Esto lo podemos detectar con facilidad cuando prefiere no mirarnos ni escucharnos porque cree que no merece nuestro cariño o, si lo hace, es con tristeza o ira, como si le fuéramos a juzgar incluso antes de haber podido equivocarse. Algunos comentarios que puede hacernos nuestro pequeño cuando piensa que no estamos orgullosos de él son:

- «Tenéis un hijo torpe».
- «¡Nunca hago las cosas bien!».
- «¡Dejadme en paz!».

Objeto de burlas

Como anteriormente hemos explicado, desde muy pequeños, los niños son conscientes de las habilidades y limitaciones propias y ajenas. Cuando a nuestro hijo le está costando aprender a atarse los cordones de los zapatos, no solo le entristecen las dificultades que está teniendo, sino que se apena aún más al ver a sus padres o a otros niños atarse los cordones con facilidad. Ante esta situación, nuestro hijo puede mostrarse muy enfadado, sobre todo si llega un momento en el que ve que todos sus amigos saben atarse los cordones y él es el único que todavía no lo ha conseguido.

Por si esto fuera poco, los demás niños son espectadores y no todos bienintencionados...

Así, a la satisfacción habitual de los niños por haber superado un reto antes que los demás, se le suma la facilidad que tienen para reconocer que su compañero se ha enfadado o «se ha picado». Es aquí cuando por desgracia algunos de ellos reaccionan con comentarios ofensivos o incluso poniendo motes como:

- «Mirad, por ahí viene el "cordoneslargos"».
- «Un día de estos se pisará los cordones y se tragará el suelo».

Soledad

La baja seguridad en uno mismo y las burlas por parte de otros niños pueden suponer que nuestro hijo muestre la tercera señal de alarma: el aislamiento. Cuando veamos que nuestro pequeño prefiere apartarse a un rincón del parque para estar solo, quiere decir que en la habitación de su mente se han instalado unos intrusos que deben ponernos en acción. Estos intrusos son una serie de pensamientos que llevan a nuestro hijo a la convicción de que la única opción posible es la soledad:

- «Soy diferente a los demás niños. Es normal que se rían de mí».

- «Nunca voy a poder ser como ellos».
- «Mis papás no están contentos conmigo».
- «Nadie me querrá nunca».

¿Por qué mi hijo ha perdido las ganas de aprender?

Ya sabemos que como padres debemos actuar si nuestro pequeño nos manda señales de SOS: seguridad baja, objeto de burlas y soledad. El siguiente paso, por tanto, es aprender estrategias para ayudarle. Sin embargo, antes de eso conviene que pongamos nuestra atención en las posibles piedras con las que se ha tropezado nuestro hijo en el camino, es decir, en las posibles situaciones o creencias que le han llevado a la inseguridad, a las burlas y al aislamiento. Y es que los padres que mejor saben ayudar a parar el problema son aquellos que lo conocen en toda su complejidad.

Por cada señal de socorro deberíamos preguntarnos cómo ha llegado nuestro hijo hasta ahí. Por ello, a continuación, vamos a reflexionar sobre las posibles causas de cada una de estas señales.

Posibles causas de las señales de socorro del niño desmotivado

- Con prisa, pero sin pausa
- Fracaso en cada intento y decepciono a papá y mamá
- Las comparaciones son odiosas
- Mis amigos ya han aprendido y se burlan
- Me aíslo porque no soy capaz
- Yo soy así y así seguiré, nunca cambiaré

¿Por qué tiene una seguridad en sí mismo tan baja? Con prisa, pero sin pausa

Recordemos que nuestro hijo, además de exteriorizar con ansiedad su inseguridad ante un nuevo intento, muchas veces duda porque tiene miedo a decepcionarnos de nuevo y cree que no estamos orgullosos de él. Esta inseguridad puede haberse generado por algo tan simple como importante: todavía no está preparado para ese aprendizaje.

Al igual que un fruto no cae del árbol hasta que ha madurado lo suficiente, nuestro hijo puede experimentar fracasos constantes ante el aprendizaje de un nuevo conocimiento o habilidad sencillamente porque no ha alcanzado la madurez funcional suficiente. Por tanto, si por más que le expliquemos algo nuevo a nuestro hijo vemos que no lo comprende ni lo sabe aplicar, es contraproducente que le presionemos, pues lo único que conseguiremos será desmotivarle y transmitirle decepción por nuestra parte.

En resumen, aunque veamos que los demás niños del parque o de su clase van más avanzados que nuestro hijo en un determinado aprendizaje, debemos entender que no ha llegado su momento y no tener prisa porque, cuando esté listo, aprenderá sin dificultad alguna y con alegría e ilusión. No debemos olvidar que existe una gran variabilidad en el desarrollo típico infantil, especialmente en lo que respecta a las habilidades motrices y del lenguaje, por lo que no conviene agobiarnos si nuestro hijo no encabeza la carrera. ¡Respetemos la individualidad de cada niño!

Pero ¿qué pasa si es el propio niño el que se autoexige aprender deprisa para ir al ritmo de los demás? Más adelante profundizaremos en cómo ayudar a nuestro pequeño a que comprenda que su ritmo de aprendizaje no tiene por qué ser igual que el de los demás niños.

Despacito y con buena letra que las prisas no son buenas

El hijo del vecino, que acaba de cumplir un añito, ya camina estupendamente y a nosotros nos entra un tremendo agobio porque nuestro hijo, un mes mayor que el del vecino, todavía camina a trompicones. De repente, nos encontramos haciendo de *personal trainers* con nuestro hijo empeñados en que al finalizar la tarde el niño sea capaz de caminar perfectamente.

Aunque resulta obvio que debemos estimular el desarrollo del niño (por ejemplo, en este caso sería un error llevarlo en el carrito o cogido en brazos a todas partes), debemos tener presente que solamente la mitad de los niños son capaces de caminar bien a los doce meses (la mayoría, de hecho, lo consiguen cerca de los quince meses). Pero papás, ¡no os preocupéis, porque nunca es tarde si la dicha es buena! Muchos niños comienzan más tarde a caminar o a hablar o a leer y enseguida consiguen hacerlo igual de bien que los que se iniciaron antes... Y es que todo tiene su momento.

¿Por qué es objeto de burlas? Las comparaciones son odiosas

Recordemos que es algo común que los niños desarrollen la habilidad de valorar sus propios resultados y compararlos con los de sus iguales, sintiendo incluso una alegría mayor si han completado una tarea antes que los demás. No obstante, el hecho de que algunos pequeños hagan esta interpretación desde un punto de vista competitivo y se burlen de los compañeros con dificultades es algo que está en parte influenciado por el contexto, y en esto los adultos debemos andar con precaución.

Todos los padres hemos vivido la situación de hablar con otros papás o con abuelos en el parque, en reuniones familiares o en la entrada del cole sobre los logros de nuestros pequeños, ya sea de habilidades de autonomía personal, como saber vestirse solos, o de aprendizajes académicos, como el de la lectoescritura o contar del 1 al 10. En estas conversaciones enseguida surgen comparaciones en las que hacemos comentarios como «eso mi hijo ya lo sabe hacer desde hace tiempo», «al mío no le costó nada» o «pobrecito, a él le está costando más».

Es bueno, y normal, que estemos orgullosos de nuestros hijos y que reconozcamos también sus limitaciones, pero nunca debemos comparar a los niños porque, como señalábamos antes, en su proceso de desarrollo cada uno lleva un ritmo, y lo que hoy uno no sabe hacer, mañana ha aprendido a hacerlo incluso mucho mejor que el resto. Así, las comparaciones que hacemos, aunque no sean malintencionadas, se convierten en algo verdaderamente odioso para la educación de nuestros pequeños, ya que al escuchar nuestras conversaciones pueden quedarse con la idea de que existen relaciones de superioridad e inferioridad entre ellos y sus amigos; algo que trasladan después a sus relaciones sociales mediante bromas de mal gusto o comentarios despectivos si se encuentran en situación de «superioridad».

Precaución, padre comparador, la senda es peligrosa

Existen investigaciones que coinciden en que las comparaciones que hacemos los padres entre los logros de nuestros hijos y los de otros niños contribuyen a generar conflictos entre los pequeños, complejo de inferioridad en aquellos que no han completado el aprendizaje en cuestión y una baja autoestima, es decir, una tendencia a valorarse poco a sí mismos.

¿Por qué está solo? Yo soy así y así seguiré, nunca cambiaré

Esta frase de la famosa canción de Alaska y Dinarama es la que puede colarse en las mentes de los niños desmotivados, pero lamentablemente no en el sentido positivo, sino desde la creencia de que «yo soy así de torpe y así seguiré, nunca podré cambiarlo». Y es que los pensamientos intrusivos que llevan al aislamiento (por ejemplo: «soy una decepción para mis padres», «no soy tan bueno como los demás niños», «quizás los demás no me aprecien nunca») pueden surgir del autoconvencimiento de que uno no es capaz de realizar una determinada tarea. Si esa falta de capacidad se percibe como algo inamovible, entonces el niño puede entrar en un terreno pantanoso asumiendo que es incapaz de realizar esa labor y que, como eso no va a cambiar nunca, sus familiares o amigos le rechazarán siempre, lo que a su vez le lleva a aislarse y a rendirse.

CUESTIONES DE REFLEXIÓN PARA LOS PADRES

Describe junto a tu hijo las cosas que hace muy bien _____

_____

_____

_____

_____

_____

A grandes males, grandes remedios

Todos fracasamos, ¡incluso Indiana Jones! Lo importante es no darnos por vencidos. Esto lo entendió muy bien Indiana cuando de joven le dijeron la frase mítica: «hoy has perdido, chico, pero no tiene por qué gustarte». Como le animaron a que no se conformara con el fracaso, no se rindió y se convirtió en todo un experto aventurero.

Y esto es lo que debemos enseñar a nuestros hijos: que nunca se resignen a fracasar, sino que sean constantes hasta conseguir superar cada reto. Así, al igual que Indiana, se convertirán en verdaderos expertos en la paciencia, la serenidad y el esfuerzo, necesarios para transcurrir con éxito el camino de la vida.

Papás, nos preparamos para actuar

Como hemos visto, la desmotivación (manifestada principalmente por una seguridad baja, ser objeto de burlas y optar por la soledad) se alimenta fundamentalmente de los pensamientos.

Un mar de pensamientos

- Rocío siente ansiedad cuando intenta nadar sola porque «piensa» que va a decepcionar a sus papás si acaba necesitando su ayuda de nuevo.
- Se enfada porque «piensa» que es torpe al ver que sus compañeros ya nadan solos y ella todavía no. También «piensa» que es normal que se rían de ella.
- Se pone triste porque «piensa» que al ser diferente a los niños de su edad nadie la va a querer nunca.
- Rocío se cree todos sus pensamientos porque está convencida de que no está capacitada para nadar sola.

Recordamos que es muy importante andar con precaución ante las presiones que podamos ejercer sobre nuestro hijo cuando insistimos en que aprenda algo para lo que no está preparado, así como evitar los comentarios comparativos. Sin embargo, aunque con esto estemos favoreciendo un ambiente de aprendizaje más agradable para el niño, no es suficiente, ya que mientras tenga enemigos en la fortaleza de su mente, no será libre para aprender con ganas e ilusión. En este sentido, son tres las principales acciones que deben componer nuestra intervención como padres:

1. Ayudar a nuestro hijo a calmar su mente antes del intento.

2. Enseñarle a transformar sus pensamientos intrusivos «enemigos» en pensamientos realistas «aliados» durante el intento.

3. Entrenarle para que tras el intento explique su resultado de éxito o fracaso por su esfuerzo.

CUESTIONES DE REFLEXIÓN PARA LOS PADRES

¿Cómo reaccionas cuando tu hijo no logra realizar bien una tarea?

_____

_____

_____

_____

_____

Mente calmada, mente motivada

Cuando las personas sentimos emociones como la ansiedad o la ira, no las sentimos por la situación en sí a la que nos enfrentamos, sino por cómo percibimos dicha situación. El caso de Rocío es un ejemplo claro: el hecho de nadar con ayuda no supone ninguna amenaza, pero ella siente ansiedad cuando llega el momento de intentar nadar en la piscina o la playa porque interpreta que va a decepcionar a sus padres y a hacer el ridículo si tiene que pedir ayuda.

Perdemos la paz cuando entramos en conversación con la mente. Cuando nos creemos los pensamientos intrusivos (aquellos pensamientos que nos atacan con interpretaciones distorsionadas de la realidad) empezamos a imaginar las posibles situaciones catastróficas que vamos a vivir y las consecuencias nefastas que van a tener esas situaciones, y nos sumergimos en un pozo sin fondo. Esto hace que lleguemos a la conclusión de que es mejor no hacer nada para no fracasar.

Igual que para pedir perdón a alguien, primero necesariamente debemos ser conscientes de que hemos ofendido a ese alguien, para tener autocompasión y confiar más en nosotros mismos, primero debemos ser conscientes de que estamos pensando mal de las situaciones que vivimos y nuestra capacidad para afrontarlas. Como el jardinero arranca las malas hierbas de raíz, así debemos enseñar a nuestros hijos a arrancar los pensamientos intrusivos desde el lugar en el que se originan.

Damos un paseo a orillas del mar y nos sentamos un rato para ver el transcurso de las olas. Vemos cómo la ola llega a la orilla, retrocede suavemente y se desvanece. Viene la siguiente ola, retrocede y se funde nuevamente en el mar. Y así sucesivamente. Cuando nos queremos dar cuenta, tenemos el cuerpo relajado y la mente calmada, simplemente porque al concentrarnos en el movimiento secuencial de las olas, los pensamientos intrusivos se han apagado.

¿Debemos llevar a nuestro hijo a la playa antes de intentar cada tarea que se le plantee? Si la respuesta fuera afirmativa, tendríamos un grave problema, ¡sobre todo las familias que vivimos lejos del mar! Afortunadamente, para enseñar a nuestro hijo a calmar su mente, contamos con una secuencia repetitiva que está dentro de cada uno de nosotros y que no requiere de ningún tipo de esfuerzo: la respiración.

Relajamos la mente: el juego de la nube saltarina

- Proponemos a nuestro hijo que se siente en una silla de su tamaño, con una postura cómoda y con los pies sobre el suelo.
- Le explicamos que hay una nube de aire saltarina que llena de paz a los niños cuando entra en ellos y le animamos a comprobar que es cierto.
- Le pedimos que cierre los ojos. Acto seguido, le vamos contando el recorrido de la nube y le damos las siguientes instrucciones para que él las vaya poniendo en práctica:

1. **La nube de aire está entrando por tu nariz. Llévala hasta tu garganta. Ahora despacito llévala hasta tu barriga y notarás cómo la hincha.**
2. **Ahora está subiendo de nuevo muy pero que muy despacio y su aire está saliendo poquito a poco por tu nariz.**
3. **Déjala entrar de nuevo por la nariz, llévala a la garganta y después deja que llene tu barriga.**
4. **Déjala que suba muy despacito mientras su aire va saliendo por tu nariz.**
5. **Vuelve a dejarla entrar. Ahora, cuando diga uno llévala a tu garganta y cuando diga dos, a tu barriga: uno y dos.**
6. **Vuelve a dejarla salir. Mientras sube y va saliendo por tu nariz voy a contar muy despacio hasta cuatro: uno, dos, tres y cuatro.**
7. **Vuelve a dejarla entrar: uno, dos.**
8. **Vuelve a dejarla salir: uno, dos, tres y cuatro.**

- Así vamos repitiendo el proceso, contando despacio hasta dos mientras inspira y hasta cuatro mientras espira, ya que conviene que las espiraciones sean más lentas que las inspiraciones.
- Deberíamos dedicar los primeros días cinco minutos, después diez, y aumentar progresivamente la duración de las sesiones de relajación conforme va interiorizando el proceso. Cuando ya no sea necesaria nuestra narración, es mejor dejarle que lo haga él mismo en silencio.

Conviene que antes de que nuestro pequeño intente de nuevo la tarea que está aprendiendo a realizar, le habituemos a practicar el juego de la nube saltarina los minutos que sean necesarios hasta que su mente se calme. De esta forma, afrontará el nuevo intento con la serenidad y concentración necesarias, sin imaginar posibles resultados negativos que le atemoricen.

Yes, we can!

Uno de los beneficios de que la mente se calme es que resulta mucho más fácil detectar un pensamiento intrusivo cuando aparece. Por este motivo, conviene que mientras nuestro hijo está llevando a cabo un nuevo intento, transforme cada pensamiento intrusivo negativo que le venga a la mente en otro realista y motivador. Para entrenarle, es aconsejable preguntarle qué piensa cuando está intentando

vestirse solo, por ejemplo, y explicarle que, como los mejores magos, tiene el poder de hacer desaparecer esos pensamientos que le ponen triste si se repite a sí mismo frases como:

- «Si mis amigos se visten solos, yo también puedo conseguirlo».
- «Puedo hacerlo y lo voy a hacer bien».

Además, es conveniente que durante la tarea le digamos frases que le transmitan seguridad y en las que destaquemos sus avances:

> **«Lo estás haciendo muy bien. ¡Acabas de conseguir ponerte los pantalones! Ahora con tranquilidad ponte la camiseta».**

Poco a poco ganará más confianza antes y durante cada intento. Pero una vez llevado a cabo el intento, como ya sabemos, tenderá a buscar la causa de su resultado, especialmente si se trata de un fracaso, y aquí nuestra intervención también es sumamente importante.

CUESTIONES DE REFLEXIÓN PARA LOS PADRES

Ante un nuevo reto para tu hijo, ¿esperas a que lo consiga para decirle que estás orgulloso de él o vas diciéndoselo cada vez que lo intenta y se esfuerza? _____

_____

_____

_____

_____

_____

Fracaso, luego existo

El fracaso debe ser entendido como una oportunidad para aprender. Así lo conciben los niños que tienen esperanzas de mejorar sus conocimientos y habilidades, porque si no tienen esperanzas de poder cambiar su resultado, difícilmente considerarán que del fracaso se pueda sacar algo bueno. Por ello, se recomienda enseñar a los niños a que asocien tanto sus éxitos como sus fracasos a su esfuerzo. Si nuestro hijo tiene dificultades para aprender a saltar a la comba y las asocia a que no se ha esforzado lo suficiente, se trata de un motivo que depende de él, que no es permanente y que puede controlar. Así, él sabrá que está en su mano saltar bien a la comba y que lo logrará si se esfuerza más.

Los padres que desde el principio hacen comentarios centrados en el esfuerzo y no en la capacidad, como, por ejemplo: «lo has hecho bien porque has trabajado mucho» o «no lo has conseguido esta vez porque debes esforzarte más», aumentan la probabilidad de que sus hijos desarrollen la mentalidad de que, siendo constantes, sus conocimientos y habilidades pueden crecer. Además, se ha comprobado que comentarios de este tipo predicen el buen rendimiento de los niños años más tarde en asignaturas de Educación Primaria como Matemáticas o Inglés. Al fin y al cabo, ¿no es lógico que estemos más motivados y dispuestos a esforzarnos en algo si creemos que somos capaces de lograrlo?

Un buen ejercicio que podemos practicar con nuestro hijo es preguntarle tras cada intento por qué lo ha conseguido o no esta vez. Al principio puede que explique sus fallos por lo difícil que es la tarea o la mala suerte que ha tenido y, si el fracaso se repite, probablemente nos dará respuestas del tipo «no sé hacerlo, algo falla en mí». Para redirigir esas explicaciones hacia el esfuerzo, podemos utilizar una tabla de registro en la que para cada intento pongamos una pegatina que le comunique que lo conseguirá si se sigue esforzando o que lo ha conseguido porque se ha esforzado lo suficiente.

Mis progresos para aprender a [escribimos el objetivo a alcanzar]		
Intento 1		No te preocupes. ¡Esfuérzate un poco más y lo conseguirás!
Intento 2		No te preocupes. ¡Esfuérzate un poco más y lo conseguirás!
Intento 3		¡Bien hecho! ¡Has trabajado mucho y lo has conseguido!

CUESTIONES DE REFLEXIÓN PARA LOS PADRES

Cuando tu hijo se siente frustrado porque no consigue hacer correctamente lo que quiere, ¿cómo le animas a seguir intentándolo?

_____

_____

_____

_____

_____

_____

Preparados, listos, ¡vamos a echarle cuento!

¡Atentos, papás!	
Lo que se DEBE hacer...	**Lo que NO se DEBE hacer...**
Explicar al niño que las capacidades no son fijas y animarle a mejorarlas con esfuerzo y perseverancia.	Verbalizar mensajes que hagan pensar al niño que sus capacidades son fijas y que, por mucho que se esfuerce, nunca podrá cambiarlas.
Celebrar los logros de nuestros hijos con abrazos y alabanzas y reducir al mínimo las recompensas materiales.	Recurrir con frecuencia a premios materiales para recompensarle por sus éxitos.
Ayudar a nuestros hijos a plantearse metas realistas o a priorizar objetivos cuando la tarea sea muy compleja.	Procurar que las metas que se plantee sean muy fáciles o imposibles de alcanzar.
Animarlos a asumir retos, haciéndoles entender que los errores son oportunidades de aprendizaje y, en muchas ocasiones, necesarios para alcanzar el éxito.	Desanimarles a que asuman retos, focalizando los errores y fracasos que puedan cometer.
Explicar sus éxitos y fracasos en función de causas sobre las que el niño tiene control, como el esfuerzo.	Explicar sus éxitos y fracasos en función de causas que no son controlables.
Valorar sus logros en función de si ha mejorado sus resultados anteriores.	Valorar sus logros en función de si han sido mejores que los de los demás.

Llegados a este punto, estamos preparados para ayudar a nuestro hijo a recuperar sus ganas de aprender o a prevenir su desmotivación, fomentando el valor del esfuerzo desde pequeño. Dado el potencial que tienen las historias narradas en esta colección de *Psicocuentos* para hacer que los niños se sientan identificados con los protagonistas (a quienes se les plantean los mismos retos y consiguen resolverlos), nuestro punto de partida debería ser leer con nuestro hijo el cuento *Leónidas, el camaleón que no sabía cambiar de color* y hacer las actividades que en él se nos plantean.

Leónidas es una cría de camaleón que muestra mucha inseguridad, es objeto de burlas y opta por la soledad al ver que todos saben camuflarse para evitar el peligro menos él, hasta que con constancia consigue alternar el color de su piel. Durante la lectura del cuento sería interesante comentar con nuestro hijo los siguientes temas:

- Cuando los papás de Leónidas le dicen al pequeño protagonista que debe tener paciencia porque conseguirá camuflarse cuando esté preparado, podríamos mencionar a nuestro hijo que no debería correr para ir al mismo ritmo que los demás, porque hay muchas personas que aprenden lentamente y cuando llega su momento consiguen grandes cosas. Aquí sería adecuado ponerle ejemplos de casos reales, como el de Albert Einstein, de quien los maestros decían que era lento y, sin embargo, motivado por las Matemáticas y la Física, hizo grandiosas contribuciones a la ciencia.

- Al leer la parte del cuento en la que los amigos de Leónidas se ríen de él, es un buen momento para abordar el tema de las burlas y preguntar a nuestro hijo si sus amigos le están diciendo cosas feas porque le está costando aprender algo. Convendría que le dejáramos expresarse para que exteriorice su tristeza y preocupación y que, a continuación, le transmitiésemos confianza hablándole de casos como el de la fábula de la liebre y la tortuga. En una carrera, la liebre se reía de la tortuga por avanzar muy despacio y, creyéndose superior, se puso a perder el tiempo e incluso se echó a dormir. Como la tortuga no hizo caso de sus burlas y no dejó de esforzarse, no solo llegó a la meta, sino que lo hizo antes que la liebre.

Último pequeño gran consejo: acompañar a nuestro hijo en cada paso

Al igual que los padres de Leónidas le dicen a su hijo que le quieren y le querrán siempre, aunque no consiguiera nunca cambiar de color, nosotros debemos hacerle ver cada día a nuestro hijo con palabras, gestos y caricias que le amamos con todo nuestro corazón, independientemente de sus logros y las inevitables caídas y tropiezos. Este consejo, que parece algo muy simple, tiene una explicación biológica y es que, ante los retos que nos generan miedo, liberamos cortisol, la llamada «hormona del estrés», pero si nos sentimos acompañados, liberamos otra hormona llamada oxitocina, que automáticamente reduce los niveles de cortisol y nos relaja. Por tanto, papás y mamás, nuestra tarea primordial es bien sencilla: APOYARLE.

¿Cómo podemos ayudar a nuestros hijos para que consigan tener más motivación y confianza en sí mismos?

La colección PsicoCuentos ofrece a los padres y a las personas relacionadas con los niños pautas de intervención provechosas avaladas por la investigación. Cada título consta de un libro guía para los padres con información contrastada y consejos prácticos sobre qué hacer o no hacer en el día a día, y de un cuento para el niño, con el objetivo de ayudarle a enfocar sus emociones de manera positiva y divertida, a resolver sus preocupaciones y dificultades, en definitiva, a enfrentarse a los retos de crecer, desarrollarse y hacerse mayor.

Libro que guía:
El niño desmotivado

+

Cuento que ayuda:
Leónidas. El camaleón que no sabía cambiar de color

PIRÁMIDE

Isabel Borda Crespo

LEÓNIDAS
El camaleón que no sabía cambiar de color

PIRÁMIDE

Ilustraciones de:
José Luis Espuelas

LEÓNIDAS

El camaleón que no sabía
cambiar de color

Ilustrador: © José Luis Espuelas

© María Isabel Borda Crespo
© Ediciones Pirámide (Grupo Anaya, S. A.), 2024
Valentín Beato, 21. 28037 Madrid
Teléfono: 91 393 89 89
www.edicionespiramide.es
Depósito legal: M. 7.231-2024
ISBN: 978-84-368-4957-8
Printed in Spain

María Isabel Borda Crespo

LEÓNIDAS
El camaleón que no sabía
cambiar de color

PSIcoCuentos

EDICIONES PIRÁMIDE

Esta es la historia del camaleón Leónidas y de cómo aprendió a cambiar de color y a sentirse orgulloso y seguro de sí mismo.

Todo empezó el día en que se dio cuenta de que su cuerpo no cambiaba de color a su voluntad, como lo hace el cuerpo de todos los camaleones. Por más que lo intentaba, su piel no respondía a su deseo.

Había días en los que se enfadaba muchísimo, tanto que su enojo podía oírse a kilómetros de distancia.

Otras veces dudaba de sí mismo y de si llegaría a ser un gran camaleón como lo eran sus papás. Y otras se sentía muy triste porque pensaba que acabaría quedándose solo.

—¿Quién querrá jugar con un camaleón tan tonto? —pensaba Leónidas.

Cuando veía la rapidez con la que cambiaban de color su papá o su mamá (¡o incluso sus amigos!) según sus estados de ánimo o cuando necesitaban camuflarse porque se sentían en peligro, se preguntaba:

—¿Cómo es posible que yo sea el único camaleón del mundo que no sabe cambiar de color? ¿Qué es lo que falla en mí?

A veces se sentía tan disgustado, que no escuchaba cuando su papá intentaba animarle:

—Pero, Leónidas, tienes que aprender a tener paciencia. ¡Llegará un día en que cambiarás de color en un abrir y cerrar de ojos! Eres un buen camaleón, debes valorar las habilidades tan fantásticas que tienes. Por ejemplo, mueves los ojos con rapidez, eres un magnífico cazador de moscas, utilizas la cola para agarrarte a las ramas... ¡y todo esto lo haces con una facilidad extraordinaria!

Pero Leónidas se sentía extraño. Él quería ser un camaleón como todos los demás. Un camaleón del que todos se sintieran orgullosos.

Cuando jugaba con sus amigos, no había nada que le diera más rabia que escuchar sus bromas y burlas:

—¡Leónidas no sabe cambiar de color y se lo comerán de un solo bocado! —se reían todos.

En esos momentos se ponía triste y se iba solo a un sitio apartado donde se ponía a pensar en que era un camaleón muy torpe y, por eso, nadie quería jugar con él.

—¿Cómo me van a querer si soy tan raro que no consigo aprender a cambiar de color? —se preguntaba una y otra vez.

Pasaron las horas, los días y las semanas y Leónidas solo pensaba en que nunca tendría amigos porque él era un camaleón diferente.

—Leónidas, no te enfades ni te pongas triste —le decía su mamá—. En cualquier momento sucederá y verás que a partir de entonces serás capaz de cambiar de color cuando te lo propongas. Tienes que confiar en ti y en que serás capaz de conseguirlo. Cuando ese día llegue, yo me alegraré por ti, ¡porque te quiero más que nada en el mundo! Pero quiero que sepas que yo te querré siempre, aunque nunca aprendas a cambiar de color.

Pero Leónidas no quería escuchar. Empezó a aceptar que él era un camaleón incapaz de hacer lo que hacía el resto de camaleones. Y se repetía continuamente:

—No lo lograré. Nadie me querrá nunca. Nunca seré un verdaero camaleón.

Un día sucedió algo que cambió el curso de la historia de Leónidas. Y todas la palabras que le habían dicho su papá y su mamá cobraron sentido.

Leónidas estaba tomando el sol tranquilamente y ejercitando el movimiento de sus ojos, cuando le pareció ver un gavilán que se acercaba decidido, relamiéndose de gusto, al árbol donde se encontraba.

Y Leónidas se puso en alerta y creyó adivinar lo que pretendía el gavilán.

—¡Ajá! Un camaleón que aún no ha cambiado de color. Es mi día de suerte. Es pequeño pero seguro que será un sabroso aperitivo, ja, ja, ja.

Fue en ese instante, al darse cuenta de las malas intenciones del gavilán, cuando sintió que su cuerpo cambiaba de color, respondiendo así a su deseo. Un gran enojo crecía dentro de él y, con sorpresa, vio que se ponía de color rojo y, mirando valiente al gavilán, le gritó:

—¡Cómo puedes pensar ni por un momento que yo seré un sabroso aperitivo! ¡Yo soy un verdadero camaleón, capaz de ponerme rojo de enfado! ¡No me vas a ver porque mi cuerpo cambiará de color.!

En ese instante oyó que su padre le decía:

—Leónidas, lo estás haciendo muy bien. ¡Eres un campeón! Es importante que estés tranquilo, que no tengas miedo. Siente el árbol sobre el que te encuentras. Siente la naturaleza que te protege.

Leónidas respiró hondo y, sin perder de vista al gavilán, siguió cambiando de color. Del rojo al verde como las hojas del árbol y luego al marrón como la rama en la que se encontraba. Él mismo se sorprendió de los cambios que experimentaba en su cuerpo. Lo que esa misma mañana no podía hacer, ahora lo estaba haciendo con mucha facilidad. Se sentía seguro y preparado. Estaba tan contento que casi se olvidó del gavilán que había venido decidido a por él.

Fue así como Leónidas consiguió camuflarse a la perfección, haciéndose invisible para el gavilán (que tuvo que irse con el estómago vacío).

Leónidas nunca olvidaría esos momentos en los que su corazón y su respiración iban a cien por hora y cómo logró la concentración necesaria para conseguir cambiar de color.

Como tampoco olvidaría la cara de alegría de sus padres y sus miradas confiadas y seguras porque por fin llegó el día en que había conseguido ser un camaleón seguro de sí mismo.

Esa noche hubo una gran fiesta en el bosque. La familia y todos los amigos de Leónidas querían celebrar con él que hubiese aprendido a cambiar de color. Las risas se oían por todos los lados cuando Leónidas, el camaleón, contaba, entre orgulloso y aliviado, la cara de asombro que aún debía de tener el gavilán.

—Seguro que estará pensando que tiene que ir al oculista a graduarse la vista y que le van a poner gafas —reía—, porque solo encontró una dura rama de árbol, donde creía haber visto un sabroso aperitivo.

ACTIVIDAD 1

¿Qué te ha gustado más de la historia del camaleón Leónidas? _____

_____

¿Qué es lo que menos te ha gustado? _____

_____

¿Te has sentido alguna vez como Leónidas? _____
¿Nos contarías cuándo fue? _____

_____

Ordena de 1 a 3 la historia de Leónidas según ocurren los hechos:

	Leónidas se enfada con el gavilán porque quiere comérselo.
	Hay una fiesta en el bosque y todos están contentos..
	Leónidas piensa que es muy torpe y que nadie querrá jugar con él..

ACTIVIDAD 2

Di cosas que sabes hacer muy bien _____

_____

_____

_____

Di dos cosas que no te salen nada bien _____

_____

_____

_____

De todo lo que has aprendido hasta ahora, ¿qué es lo que
te ha costado más trabajo aprender? _____

_____

_____

_____

ACTIVIDAD 3

¿Harías un dibujo en este mural para animar a Leónidas cuando estaba triste? ¿Qué le dirías? _____

_____